VENTE

ESTAMPES

École Française XVIIIe Siècle

EN NOIR ET EN COULEUR

Et autres Écoles, Flamande, Italiennes, etc.

ORNEMENTS, PORTRAITS, DESSINS

Etc., etc., etc.

Seront vendus par forts Lots

Pour cause de Départ

EN L'HOTEL DES COMMISSAIRES-PRISEURS

RUE DROUOT, N. 5, SALLE N. 4

AU PREMIER ÉTAGE

Le Samedi 8 Juin 1872

A 1 HEURE PRÉCISE

Par le ministère de Me DELBERGUE-CORMONT, Commissaire-Priseur
Rue de Provence, n. 8.

Assisté de **M. VIGNÈRES**, Marchand d'Estampes
Rue de la Monnaie, n. 13, à l'entre-sol.

AU COMPTANT

Les acquéreurs paieront 5 pour 100 en sus des enchères.

2124 Renou et Maulde, impr^{rs} de la Cie des Commissaires-Priseurs, rue de Rivoli, 144

307ᵉ Bis   8 Juin 1872   Vente Mayer

31	Enfants amours	5	50
69	École ancienne	12	
53	École Flamande	25	
115	— ancienne	9	50
137	Costumes	8	50
28	Portraits	7	..
128	Lithog. et gravures	4	..
33	Ducerceaux, Petits maîtres	18	50
69	Berain architecture	12	..
7	Lancret	8	50
100	Ornements architecture	16	..
42	Eaux fortes modernes	6	..
75	Lepautre	4	50
12	Esprit Follet	1	..
44	Galerie de Florence	10	..
165	Ornements	6	..
96	Portraits	5	50
12	— Cochin et autres	5	..
125	Petits enfants	8	..
35	École italienne	4	50
12	Boucher	25	..
30	Portraits Ficquet, Cochin	5	..
61	Ornements	6	50
		219	50

Qté	Désignation	Prix	
		219	50
239	Lithog. Animaux	7	..
4	Contes de Lafontaine	9	..
12	Portraits de Vandyck	3	50
100	Ornements, Vases	3	50
55	Eaux-fortes italiennes	2	50
85	Israel Silvestre	4	..
15	Portraits de Vandyck	6	50
160	Ornements	6	
30	Portraits divers hommes et femmes	5	50
6	Lancret	10	50
66	Bertaux Révolution	5	..
28	Dieterlin	6	50
97	Coiffures	9	50
12	Portraits de Vandyck	4	50
69	Silvestre	4	50
150	environ fastes de la nation	1	50
145	lith. Vues de Paris man. noire	4	..
35	Eaux fortes italiennes	7	..
51	Portraits de femmes	6	..
126	Prudhon et autres	8	..
16	Pater	15	..
200	Vignettes	5	50
22	Portraits étrangers	2	..
		356	5

			3 5 6	50
65	Lithographies		3	..
300	Vignettes		4	..
210	Paysages		3	..
103	Ornemens		4	50
20	École italienne		5	..
7	Watteau		8	50
10	Portraits		2	..
31	Galeries de Florence		2	50
17	Pivoli – Michel ange jugement dernier		2	50
	Eglises de l'Europe		1	..
70	Paysages anciens		4	50
8	Portraits		8	..
33	Moreau		2	..
175	Vignettes		9	..
325	Portraits anciens et modernes		5	
54	Paysages		2	50
9	Watteau		11	
16	Portraits de femmes		13	
135	Portraits environ		1	
25	Pièces en couleur		5	50
²⁷³⁄₈₄ } 357.	Portraits rois de France etc		6	50
5	Boucher, Watteau arabesques		12	..
56	Portraits, Français et Etrangers		1	..
54	Paysages		5	
			4 7 8	50

		478	50
14	École Française	15	..
159	Portraits	1	..
138	Costumes	4	..
300	Vues de Paris etc	1	..
10	Enfants	7	50
7	Garneray en couleur	8	..
14	Portraits grand in fol	3	50
8	Boucher	16	..
21	Saints	1	..
23	Portraits	1	50
16	École Française	8	50
lot	Charivari, Œuvres choisies	7	..
35	Dessins	2	50
50	Chardin, Boucher	6	50
118	Architecture	1	..
90	École Française	9	50
181	Portefeuille académique etc	2	50
17	Dessins par Legot	13	50
21	Boucher	11	..
50	Dessins à l'aquarelle et mine de chine	5	..
13	École Française	7	..
	Portefeuille, modes	11	..
15	Boucher modernes	11	..
47	Dessins ornemens	6	..
		639	..

	639	..
450 pièces avec portefeuille	3	50
27 Chardin	12	..
43 Dessins	6	..
16 Portraits couleur	9	..
12 Cadres	6	..
395 pièces avec portefeuille	1	50
27 Sujets Sanguine	20	..
30 Dessins Costumes	3	50
27 Boucher amours	29	..
335 animaux et portefeuille	13	50
30 Paysages Sanguine	4	50
27 Dessins Sepia	2	50
47 Etudes Sanguine	10	
435 environ avec portefeuille	17	
30 dessins	3	
65 Alphabeth et Geometrie	3	
22 Greuze et autres	19	
Meubles avec portefeuille	1	
9 pièces encadrées	14	
145 p. avec portefeuille Le Titien et Raphaël	7	50
9 pièces avant toute lettre	7	..
367 environ avec portefeuille	11	..
430 environ avec portefeuille	6	..
8 Scheneau	8	50
	857	..

		857	..
	Portefeuille de dessins	18	..
10	Leclere Enfant prodigue	15	..
	Album de dessins	7	..
7	École Française	12	50
75 environ	Combat de Taureau	3	50
25	Dantan etc Vigneux	2	..
5	Recueils divers	2	50
14	École Française	13	..
12	Cahiers	4	..
10	Portrait Vigneux	6	
15	École Française	7	50
11	Couleur, chardin	2	50
6	Sujets encadrés	7	50
2	Bonnes Cadres, couleur	12	50
15	École Française	6	..
14	Amours de Boucher	16	..
24	École Française	10	50
300	Ornements	7	
40	Sanguine	23	
2	Lauréine bistre	11	50
6	Amours de Boucher	15	..
52	Sanguine	3	
	Cadre ovale ninon de Lenclos couleur	5	
7	École Française	30	
		1091	50

	1091	50
2 Janinet agréable (Paysage) négligé	13	..
100 Sanguine	8	..
55 Sanguine	6	50
4 Legrand couleur	4	..
27 école Française	9	..
Portefeuille de Calque	2	50
48 Rigaud Vues de Paris	4	..
2 Baigneuses	6	50
2 Lemarteau	9	50
161 Ornements étiquettes	7	50
Armes et famille Napoléon	2	..
67 Grandes pièce	2	..
31 ornements	6	50
Grandes pièces	6	..
Grandes pièces	13	..
— — — — —	24	..
— — — — —	3	50
— — — — —	6	50
2 Vues des Tuileries Descourtis	6	50
31 Vues en couleur	6	50
5 Pièces en couleur	16	..
29 Saints	7	
370 Saints et sujets religieux	6	50
Portefeuille de Calques	4	50
	1272	50

		1272	50
2	Bonnet le déjeuner	10	50
3	Bonnet ariane, Galathée, Diane, Couleur	14	
3	Bilboquet, Fermier, Fermier	9	
3	arrivée de la Fermière etc	12	50
6	Couleur	19	
1	garde royale Debucourt — Vignier	3	50
2	Retour du marché, repas	15	50
33	très petites pièces en Couleur	15	
18	Couleur anglaise	8	50
13	Couleur	10	50
9	Couleur	5	50
180	dessins de plantes	1	
2	Amant écouté, Eventail cassé	20	
1	Debucourt Louis XVI. Statue	30	
18	portefeuilles	10	50
		1457	50
2 volumes	Contes de Lafontaine à M' Girardot	16	50
		f. 1474	..

1474
M Girardos   1650
reste f. 1457.50

307 bis